Objets d'Art de la Chine

CÉRAMIQUE CHINOISE

des Époques ou Dynasties

Han — Tang — Song — Yuan — Ming et Tsing

ÉMAUX PEINTS DE CANTON

IVOIRES — PIERRES DURES — ETC.

Dont la vente aura lieu à l'HOTEL DROUOT

Salle n° 7 ***les Lundi 11 et Mardi 12 Mai 1914***
Salle n° 9 ***les Mercredi 13 et Jeudi 14 Mai 1914***

Me CH. DUBOURG
Commissaire-Priseur
8, rue d'Alger

M. ANDRÉ PORTIER
Expert près le Tribunal civil
24, rue Chauchat

chez lesquels se distribue le présent catalogue

EXPOSITION PUBLIQUE

HOTEL DROUOT, Salle n° 7, le Dimanche 10 Mai 1914, de 2 h. à 6 h.

PRINCIPALES ÉPOQUES DE LA CÉRAMIQUE CHINOISE

Depuis 2205 avant J.-C. jusqu'à nos jours

Dynastie des	Hia	2205-1818
—	Shan	1766-1154
—	Tchéou	1122- 255
—	Han	201- 1 1- 190
—	T'ang	620- 905
—	Song	960-1278
—	Yuan	1279-1333
	Houn-Wou	1368-1399
	Kien-Woun	1399-1403
Dynastie des Ming	Yuen-Lo	1403-1425
	Houn-Hi	1425-1426
	Sieu-Teu	1426-1436
	Tchin-Toun	1436-1450
	King-Ta	1450-1457
	Tien-Choun	1457-1465
	Tchin-Hoa	1465-1488
	Houn-Tchi	1488-1506
	Tchin-Teu	1506-1522
	Kia-Tsin	1522-1567
	Long-Tchin	1567-1573
	Ouan-Li	1573-1620
Dynastie des Tsing	Choun-Tchi	1644-1662
	Kang-Hi	1662-1723
	Yunoching	1723-1736
	Kienlong	1736-1796
	Kia-Tchin	1796-1821
	Tao-Kouan	1821-1851
	Hien-Fong	1851-1862
	Tong-Tchi	1862-1875

1875 jusqu'à nos jours.

CONDITIONS DE LA VENTE

La vente sera faite expressément au comptant.
Les acquéreurs paieront 10 % en sus des d'enchères,

L'expert assistant aux expositions se met à la disposito n de MM. les Amateurs qui voudraient lui confier leurs ordres d'achat.

PREMIÈRE VACATION

PORCELAINE DE LA CHINE

1. — Petite potiche, à décor de chrysanthèmes : trois couleurs.
Époque *Ming*. Haut. 20 cm.

2. — Deux petits pots arrondis, à décor d'oiseaux Hôo.
Époque *Ming*. Haut. 15 cm.

3. — Deux autres pots similaires.
Même époque. Haut. 15 cm.

4. — Petite potiche, à panse surélevée, à décor de chimères dans les pivoines.
Époque *Ming*. Haut. 18 cm.

5. — Petite bouteille, à décor de motifs fleuris variés.
Époque *Ming*. Haut. 18 cm.

6. — Pot arrondi, à décor d'oiseaux Hôo et de pivoines.
Époque *Ming*. Haut. 17 cm.

7. — Pot arrondi, à décor de médaillons fleuris stylisés.
Époque *Yungching*. Haut. 15 cm.

8. — Pot arrondi, à décor de dragons dans les nuages.
Époque *Yungching*. Haut. 14 cm.

9. — Bouteille de forme élancée, l'épaulement supportant deux mascarons à anneaux, gravés sous couverte en émaux bruns d'un personnage sur un tigre.

Époque *Kienlong*. Haut. 20 cm.

10. — Vase-cornet, le col coupé, à décor de personnages sur une belle pâte blanche.

Époque *Yungching*. Haut. 23 cm.

11. — Bouteille, la panse surélevée, décorée sur fond blanc de bouquets de pêches en émaux bruns et bleus.

Époque *Yungching*. Haut. 21 cm.

12. — Autre bouteille, en porcelaine bleu et blanc, à décor de palmettes.

Époque *Yungching*. Haut. 21 cm.

13. — Coupe à fleurs, contenant sept petites bouteilles à couverte céladon, d'une belle qualité.

Époque *Kienlong*. Diam. 18 cm.

14. — Vase pitong, en porcelaine bleu fouetté, à décor or.

Époque *Kang-hi*. Haut. 13 cm.

15. — Vase pitong s'évasant, en porcelaine bleu et blanc, à décor de paysage.

Époque *Kang-hi*. Haut. 14 cm.

16. — Petite bouteille, à décor fleuri, famille rose.

Époque *Yungching*. Haut. 17 cm.

17. — Pot arrondi, à décor de fleurs et d'attributs, émaux trois couleurs.

Époque *Ming*. Haut. 18 cm.

18. — Bouteille à col évasé, à couverte bleu cendré.

Époque *Kienlong*. Haut. 25 cm.

19. — Brûle-parfums, à couverte brun moutarde, craquelé.

Epoque *Yungching*. Diam. 23 cm.

20. — Petite vasque tripode, à couverte céladon.

Époque *Kienlong*. Diam. 15 cm.

21. — Pot couvert, en faïence émaillée vert camélia.

Époque *Kienlong*. Haut. 17 cm.

22. — Autre pot, pouvant faire paire avec le précédent.

23. — Petite bouteille, le col coupé, à couverte verte.

Époque *Kienlong*. Haut. 17 cm.

24. — Vasque tripode, à couverte céladonnée.
Époque *Kienlong*. Diam. 17 cm.

25. — Bouteille de forme élancée, à couverte céladon, gravée de motifs fleuris.
Époque *Ming*. Haut. 22 cm.

26. — Vase-cornet, gravé sous couverte céladon craquelée de motifs fleuris.
Époque *Ming*. Haut. 27 cm.

27. — Vase-cornet, largement évasé, à décor de grecques et de palmettes. Couverte céladon.
Époque *Kienlong*. Haut. 16 cm.

28. — Vasque arrondie, à couverte truitée vert.
Époque *Kienlong*. Diam. 11 cm.

29. — Deux petites bouteilles, formant paire, à décor de salamandres. Aubergine et turquoise.
Époque *Ming*. Haut. 20 cm.

30. — Deux petites figures en faïence : l'une *Ming*, représentant un personnage assis; l'autre *Kang-hi*, représentant une kwannin.
Haut. 17 cm.

31. — Bouteille de forme aplatie, en faïence, à décor de fleurs en relief.
Époque *Ming*. Haut. 12 cm.

32. — Petit brûle-parfums, en faïence trois couleurs, à décor de motifs fleuris, en relief.
Époque *Ming*. Haut. 13 cm.

33. — Bouteille à large panse, à couverte rouge haricot.
Époque *Kienlong*. Haut. 19 cm.

34. — Bouteille basse, à couverte gris craquelé.
Époque *Ming*. Haut. 14 cm.

35. — Bouteille de forme élancée, à couverte vert pastel.
Époque *Kienlong*. Haut. 20 cm.

36. — Bouteille, le col évasé, en porcelaine bleutée, décorée en camaïeu de motifs fleuris.
Époque *Kienlong*. Haut. 17 cm.

37. — Deux petites bouteilles : l'une céladon, l'autre bleu turquoise.
Haut. 16 cm.

38. — Deux petites bouteilles, de forme variée, à couverte aubergine.
Époque *Kienlong*. Haut. 15 cm.

39. — Deux autres petites bouteilles similaires.

40. — Vase à panse surélevée, en émail rouge haricot, poudré de fer.
Époque *Yungching.* Haut. 16 cm.

41. — Pot de forme arrondie, à couverte céladon, à décor de pêches en émaux bleus et bruns.
Époque *Kienlong.* Haut. 14 cm.

42. — Théière en faïence bleu truité vert.
Époque *Kienlong.* Haut. 15 cm.

43. — Pot à criqui, de forme arrondie, à couverte rouge haricot.
Époque *Kienlong.* Haut. 12 cm.

44. — Vase en porcelaine flambée rouge et bleu, en forme d'un melon.
Époque *Kienlong.* Haut. 16 cm.

45. — Vase tubulaire en porcelaine flambée rouge.
Époque *Kienlong.* Haut. 16 cm.

46. — Petite bouteille en porcelaine flambée rouge.
Époque *Kienlong.* Haut. 15 cm.

47. — Trois groupes variés, en faïence trois couleurs, imitant des corbeilles de fruits.
Époque *Kang-hi.* Haut. 16 cm.

48. — Deux chimères sur des tambours, en faïence trois couleurs.
Époque *Kang-hi.* Haut. 14 cm.

49. — Deux chimères porte-bouquets, en faïence trois couleurs.
Époque *Kang-hi.* Haut. 21 cm.

50. — Deux groupes en biscuit, représentant un lapin et une chimère.
Époque *Kienlong.* Diam. 16 cm.

51. — Vase pitong, à décor de vases fleuris, famille rose.
Époque *Yungching.* Haut. 12 cm.

52. — Vase pitong, à décor de dragons et de poissons dans la vague.
Époque *Kang-hi.* Haut. 13 cm.

53. — Vase pitong, en porcelaine, à décor d'enfants jouant.
Époque *Kang-hi.* Haut. 13 cm.

54. — Vase en porcelaine bleu soufflé, à traces d'or.
Époque *Kang-hi.* Haut. 13 cm.

55. — Deux chimères en ancien blanc de Chine.
Époque *Ming*. Haut. 13 cm.

56. — Vase-cornet, de forme élancée, en ancien blanc de Chine.
Époque *Yungching*. Haut. 19 cm.

57. — Porte-pinceaux en ancien blanc de Chine, à décor de personnages dans les rochers.
Époque *Kienlong*. Diam. 13 cm.

58. — Coupe avec personnage central, en ancien blanc de Chine.
Époque *Kienlong*. Haut. 6 cm.

59. — Vase-cornet, la panse côtelée, en ancien blanc de Chine, forme bronze.
Époque *Kienlong*. Haut. 14 cm.

60. — Brûle-parfums en ancien blanc de Chine.
Époque *Kienlong*. Diam. 14 cm.

61. — Encrier en ancien blanc de Chine, à décor de nuages.
Époque *Kang-hi*. Haut. 9 cm.

62. — Brûle-parfums, supporté par trois pieds tubulaires, à couverte crème craquelée.
Époque *Ming*. Haut. 15 cm.

63. — Théière en ancien blanc de Chine.
Époque *Kienlong*. Haut. 15 cm.

64. — Lanterne-veilleuse et son socle en ancien blanc de Chine.
Époque *Ming*. Haut. 12 cm.

65. — Deux petites chimères, formant paire, en ancien blanc de Chine.
Époque *Ming*. Haut. 14 cm.

66. — Deux autres petites chimères en ancien blanc de Chine.
Époque *Kienlong*. Haut. 9 cm.

67. — Poule et poussins en ancien blanc de Chine.
Époque *Kienlong*. Diam. 15 cm.

68. — Groupe en ancien blanc de Chine, représentant une Kwannin, accompagnée d'un enfant en prière.
Époque *Ming*. Haut. 23 cm.

69. — Figure en ancien blanc de Chine, représentant une Kwannin, assise, un rouleau à la main.
Époque *Kienlong*. Haut. 30 cm.

70. — Petite figure de Kwannin debout, en ancien blanc de Chine.
Époque *Kienlong*. Haut. 18 cm.

71. — Figure en ancien blanc de Chine, représentant un personnage assis.
Époque *Kienlong*. Haut. 15 cm.

72. — Figure en porcelaine, à couverte craquelée crème.
Époque *Ming*. Haut. 21 cm.

73. — Deux petites chimères en ancien blanc de Chine.
Époque *Kienlong*. Haut. 14 cm.

74. — Deux autres petites chimères, à couverte crème craquelée.
Époque *Kienlong*. Haut. 14 cm.

75. — Bouteille de forme élancée, en porcelaine teintée vert pastel.
Epoque *Kang-hi* Haut. 20 cm.

76. — Petite bouteille, de couverte similaire.
Haut. 14 cm.

77. — Autre bouteille, de forme et de couverte similaires.
Époque *Kang-hi*. Haut. 16 cm.

78. — Pot, de forme arrondie, même couverte.
Époque *Kang-hi*. Haut. 10 cm.

79. — Petit pot couvert, de forme similaire.
Époque *Kang-hi*. Haut. 8 cm.

80. — Encrier, de forme arrondie, même couverte.
Époque *Kang-hi*. Haut. 8 cm.

81. — Autre encrier, similaire au précédent.
Époque *Kiang-hi*.

82. — Grand vase, cornet, le col évasé, en porcelaine blanche, décoré en émaux trois couleurs, d'oiseaux sur les rochers et de fleurs.
Époque *Ming*. Haut. 43 cm.

83. — Grande théière, décorée en réserve sur fond rouge de médaillons d'enfants jouant.
Époque *Kienlong*. Haut. 20 cm.

84. — Deux pots à gingembre, à décor d'enfant jouant : famille rose.
Époque *Yungching*. Haut. 20 cm.

85. — Vase-cornet, le col coupé, à décor de personnages : famille rose.
Époque *Yungching*. Haut. 22 cm.

86. — Autre vase similaire, à décor de nombreux personnages : famille rose.
Époque *Yungching*. Haut. 26 cm.

87. — Potiche basse, à décor de personnages sur une terrasse.
Époque *Ming*. Haut. 25 cm.

88. — Autre potiche, à décor de cartels de motifs fleuris, en émaux trois couleurs.
Époque *Ming*. Haut. 30 cm.

89. — Potiche décorée de panneaux fleuris et de zones d'ornements géométriques.
Époque *Ming*. Haut. 28 cm.

90. — Deux potiches formant paire, décorées sur fond vert de motifs fleuris.
Époque *Yungching*. Haut. 25 cm.

91. — Petit vase tubulaire, à décor de personnages hollandais.
Cachet *Kienlong*. Haut. 20 cm.

92. — Très joli petit vase, à décor de nombreux personnages dans l'enceinte d'un palais.
Époque *Kienlong*. Haut. 24 cm.

93. — Deux vases-cornets, de forme quadrilatérale, en porcelaine, à décor fleuri.
Époque *Kienlong*. Haut. 23 cm.

94. — Deux figures en porcelaine : bébés portant un vase fleuri.
Époque *Ming*. Haut. 26 cm.

95. — Deux autres bébés similaires.
Haut. 24 cm.

96. — Grande potiche couverte, à décor de fleurs et d'oiseaux ; famille rose.
Époque *Yungching*. Haut. 45 cm.

97. — Bouteille en porcelaine jaune, à décor de bouquets fleuris, en émaux vets et bleus.
Époque *Kienlong*. Haut. 43 cm.

98. — Bouteille, la panse arrondie, le col étroit, à couverte turquoise.
Époque *Kienlong*. Haut. 40 cm.

99. — Vase-cornet, à couverte turquoise.
Époque *Yungching*. Haut. 35 cm.

100. — Bouteille à large col, en porcelaine blanche, à décor fleuri; famille rose.

Époque *Kienlong.* Haut. 45 cm.

101. — Bouteille, la panse côtelée, à couverte turquoise.

Époque *Kienlong.* Haut. 25 cm.

102. — Bouteille, de couverte céladon, décorée de bouquets fleuris; famille rose.

Époque *Kienlong.* Haut. 38 cm.

103. — Potiche, le col coupé, en porcelaine bleu et blanc, à décor de paysage.

Époque *Kang-hi.* Haut. 28 cm.

104. — Potiche couverte, à décor de rinceaux fleuris, en porcelaine bleu et blanc.

Époque *Kang-hi.* Haut. 30 cm.

105. — Potiche basse, de forme quadrilobée, en porcelaine bleu et blanc, à décor de rinceaux fleuris.

Époque *Kienlong.* Haut. 25 cm.

106. — Petit pot en porcelaine blanche, à décor fleuri; famille rose.

Époque *Yungching.* Haut. 15 cm.

107. — Bouteille, le col coupé, à décor de bouquets fleuri de la famille rose.

Époque *Yungching.* Haut. 19 cm.

108. — Vase-cornet, de forme élancée, en porcelaine blanche, à décor fleuri; famille rose. Haut. 21 cm.

109. — Petite potiche décorée sur fond céladon de branches de pêches, en émaux bruns et bleus.

Époque *Kienlong.* Haut. 16 cm.

110. — Petit vase, la panse côtelée, décoré sur fond céladon d'un ibis sur un arbre fleuri.

Époque *Kienlong.* Haut. 14 cm.

111. — Petit vase, à décor fleuri; famille rose.

Époque *Kienlong.* Haut. 16 cm.

112. — Petit pot bas, de forme arrondie, décoré en blanc sur bleu d'oiseaux sur un arbre en fleurs.

Époque *Ming.* Diam. 14 cm.

113. — Théière en porcelaine décorée sur fond jaune, gravée de bouquets fleuris.

Époque *Kienlong.* Diam. 15 cm.

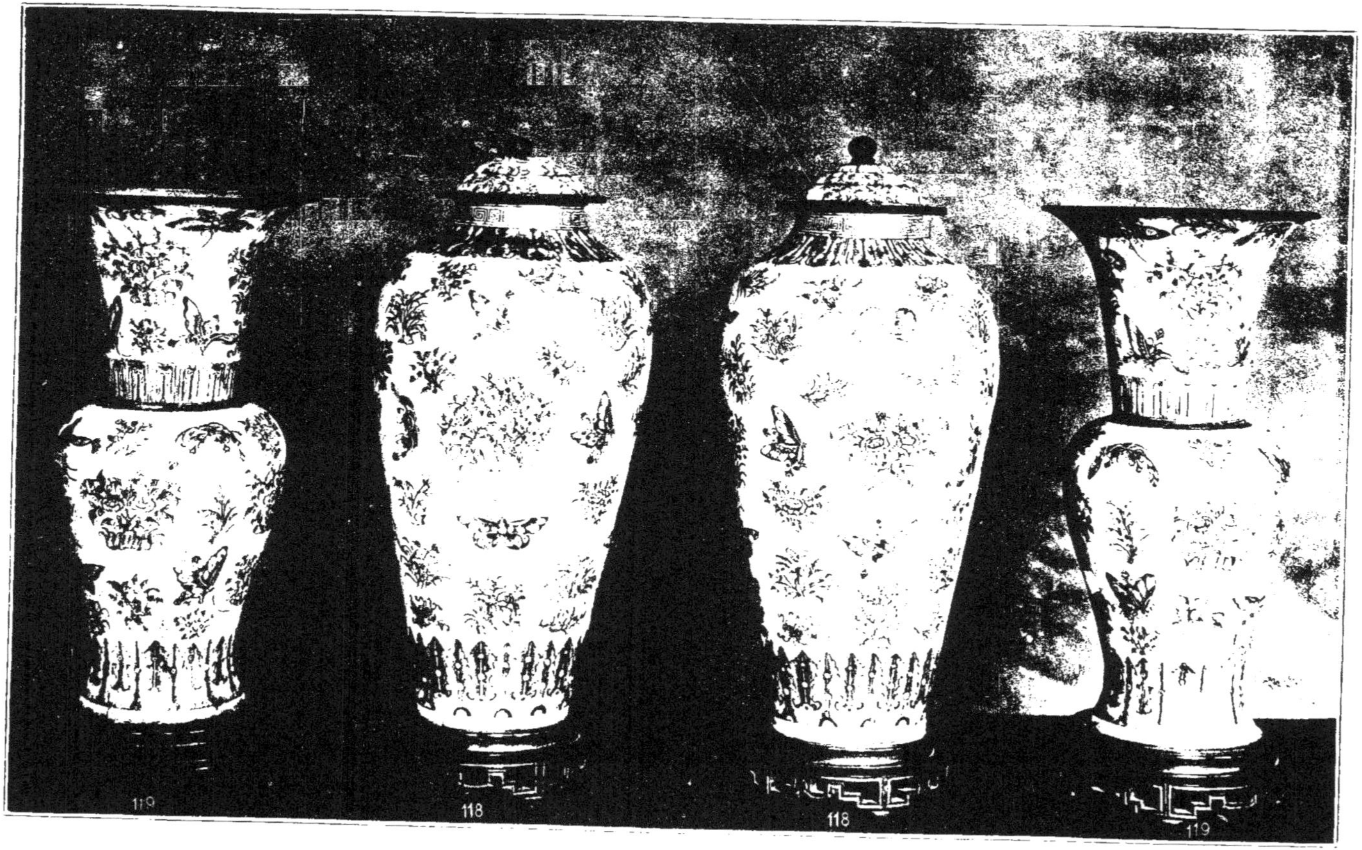
119
118
118
119

114. — Autre théière, décorée en réserve, sur fond rouge, de médaillons à personnages.
Époque *Kienlong.* Diam. 16 cm.

115. — Deux petits vases formant paire, décorés sur fond rose gravé, de motifs fleuris.
Époque *Kienlong.* Haut. 16 cm.

ÉMAUX PEINTS DE CANTON

116. — Deux bols couverts en méaux peints de Canton, décor mille fleurs, sur fond jaune.
Époque *Kienlong.* Diam. 16 cm.

117. — Deux présentoirs, à décor de feuilles et de fleurs de lotus.
Époque *Kienlong.* Diam. 17 cm.

118-119. — Garniture composée de deux potiches et de deux vases-cornets, en ancien émail de Canton, décorée sur fond bleu de motifs fleuris et de papillons; famille rose.
Époque *Kienlong.* Haut. 30 cm.

120. — Théière à panse quadrilatérale et lobée, à décor de fins paysages sur fond blanc. Anse fixe.
Époque *Kienlong.* Haut. 17 cm.

121. — Aiguière en ancien émail de Canton, décorée sur fond jaune de motifs fleuris. Sur la panse, en réserve, deux médaillons à caractères du bonheur et chauves-souris.
Époque *Kienlong.* Haut. 31 cm.

122. — Deux bols décorés sur fond turquoise de motifs fleuris et d'attributs bouddhiques.
Époque *Kienlong.* Diam. 12 cm.

123. — Bonbonnière lenticulaire, à décor de dragons au milieu des nuages.
Époque *Kienlong.*

124. — Deux soucoupes, de forme quadrilatérale, décorées des mille vases précieux sur fond blanc.
Époque *Kienlong.*

125. — Deux soucoupes décorées sur fond rose, en réserve, de motifs fleuris et de papillons.
Époque *Kienlong.* Diam. 16 cm.

126-127. — Drageoir complet formé d'une coupe centrale circulaire et de huit petites soucoupes en forme, à décor de personnages.
Époque *Kienlong*. Diam. 42 cm.

128-130. — Six petites soucoupes, à décor de vases fleuris et d'attributs divers.
Époque *Kienlong*.

131. — Deux petites soucoupes, de forme quadrilatérale, décorées des mille objets précieux.
Époque *Kienlong*.

132. — Deux coupes en forme de fruits enfeuillagés, à décor fleuri.
Époque *Kienlong*.

133. — Deux coupes, en forme de losange, quadrilobées, à décor fleuri, sur fond mauve.
Époque *Kienlong*.

134. — Drageoir complet, à décor des mille vases précieux, sur fond bleu.
Époque *Kienlong*.

135. — Coupe ronde, à décor de personnages, sur un fond de hautes collines.
Époque *Kienlong*. Diam. 20 cm.

136. — Trois petites tasses, à décor de personnages.
Époque *Kienlong*.

137-138. — Quatre soucoupes de forme quadrilatérale, à décor de personnages sur une terrasse fleurie.
Époque *Kienlong*.

139-140. — Quatre petites tasses et leurs soucoupes, décorées sur fond vert de motifs fleuris polychromés.
Époque *Kienlong*.

141. — Deux petites soucoupes de forme quadrilatérale, à décor de personnages.
Époque *Kienlong*.

142. — Grand plateau rectangulaire, décoré sur fond blanc des mille vases précieux et de corbeilles fleuries.
Époque *Kienlong*. Diam. 31 cm.

143. — Deux petites tasses, très finement décorées, en réserve sur fond bleu, de quatre panneaux de paysages variés.
Époque *Kienlong*.

VERRES CHINOIS

144. — Deux verres, à pans coupés, en verre bleu, décorés en or de motifs fleuris.
Époque *Kienlong*.

145. — Bouteille en verre jaune opaque, la panse saillante.
Époque *Kienlong*. Haut. 20 cm.

146. — Deux bols creux en verre rubis.
Époque *Kienlong*.

147-148. — Deux petites bouteilles en verre blanc, décorées en relief de verre rouge, de motifs fleuris.
Époque *Kienlong*. Haut. 16 cm.

149. — Vase en verre rubis, le col évasé.
Époque *Kienlong*. Haut. 20 cm.

150. — Bouteille en verre ambré, sculpté de motifs fleuris et d'oiseaux.
Époque *Kienlong*. Haut. 22 cm.

151. — Bouteille à long col droit, en verre rubis.
Époque *Kienlong*. Haut. 24 cm.

152. — Deux tasses couvertes en verre rubis.
Époque *Kienlong*.

153. — Pot couvert, de forme arrondie, en verre bleu.
Époque *Kienlong*. Haut. 17 cm.

154. — Très joli bol évasé en verre rubis.
Époque *Kienlong*. Diam. 23 cm.

155. — Brûle-parfums en verre ambré
Époque *Kienlong*.

IVOIRES CHINOIS

156-157. — Deux petits écrans en ivoire, très finement sculptés de scènes à personnages sur des terrasses fleuries.
Époque *Kienlong*. Haut. 27 cm.

158. — Figure en ivoire sculpté, représentant Cheou-lao, le dieu de la Longévité, debout.
Époque *Ming*. Haut. 26 cm.

159. — Autre figure similaire, de Cheou-lao.
Époque *Ming*. Haut. 32 cm.

160. — Ecran en ivoire sculpté, d'un couple sur une terrasse et de caractères.
Époque *Kienlong*. Haut. 26 cm.

161. — Femme nue, couchée.
Époque *Ming*. Diam. 15 cm.

162. — Figure de Lao-tse, en ivoire sculpté.
Époque *Ming*. Haut. 21 cm.

163. — Figure de Si-Wang-Mu, en ivoire sculpté.
Époque *Ming*. Haut. 11 cm.

164. — Figure de garçonnet, en ivoire.
Époque *Ming*. Haut. 12 cm.

CORNES DE RHINOCÉROS

165. — Corne de rhinocéros, sculptée en haut relief détaché de motifs fleuris.

166. — Autre corne, représentant un fruit enfeuillagé, sur lequel court une salamandre.

167. — Corne évasée, sculptée de branchages et d'animaux divers.

168. — Coupe ronde, en forme d'une tasse, à décor fleuri.

169. — Petite coupe, sculptée de branches de pêchers.

170. — Coupe sculptée, à décor de branchages de pins.

171. — Coupe sculptée de personnages en barque, au milieu des grottes.

172. — Coupe d'une belle qualité, à décor de branchages fleuris et de papillons.

DIVERS

173. — Théière en étain chinois, la panse hexagonale, avec bouton d'agate sur le couvercle.

Signature de l'artiste : « *Tcheou* ».
Époque *Ming*.

174. — Bol creux, en ancien émail cloisonné, à décor de chrysanthèmes stylisés sur fond turquoise.

Époque *Ming*. Diam. 21 cm.

175. — Petite figure d'enfant, en faïence émaillée, à couverte verte.
Haut. 13 cm.

176-177. — Petites figures, en faïence émaillée céladon.
Haut. 20 cm.

DEUXIÈME VACATION

CÉRAMIQUE CHINOISE

178. — Bouteille, en porcelaine bleu et blanc, à décor fleuri.
Époque *Kienlong*. Haut. 26 cm.

179. — Potiche, en émaux trois couleurs, à décor de dragons dans les nuages.
Époque *Ming*.

180. — Potiche décorée sur fond blanc, en émaux de la famille rose, de motifs fleuris et d'oiseaux.
Époque *Yungching*. Haut. 36 cm.

181. — Petite potiche, à décor de panneaux fleuris.
Époque *Ming*. Haut. 19 cm.

182. — Autre petite potiche, à décor de chimères dans les chrysanthèmes.
Époque *Ming*. Haut. 18 cm.

183. — Pot arrondi, à décor de dragons et de phénix.
Époque *Ming*. Haut. 25 cm.

184. — Pot, avec couvercle de bois, à décor de panneaux fleuris.
Époque *Ming*. Haut. 20 cm.

185. — Pot couvert, décor de deux panneaux fleuris en losange.
Époque *Ming*. Haut. 16 cm.

186. — Vase de forme allongée, gravé sous couverte céladon de motifs fleuris.
Époque *Ming*. Haut. 21 cm.

187. — Vase tubulaire, à couverte céladon craquelé.
Époque *Ming*. Haut. 22 cm.

188. — Vase-cornet, d'un décor similaire au précédent, le col supportant deux anneaux.
Époque *Ming*. Haut. 19 cm.

189. — Petit vase balustre, à couverte flambée bleu.
Époque *Ming*. Haut. 15 cm.

190. — Bouteille de forme élancée, à couverte bleu.
Époque *Yungching*. Haut. 20 cm.

191. — Bouteille à long col tubulaire, même couverte.
Même époque. Haut. 30 cm.

192. — Vase de forme tubulaire, à couverte céladon clair, décoré en relief de motifs fleuris.
Époque *Kienlong*. Haut. 25 cm.

193. — Petit pot couvert, à couverte bleu fouetté.
Époque *Kang-hi*. Haut. 14 cm.

194. — Pot couvert, décoré sur fond jaune de motifs fleuris, famille rose.
Époque *Yungching*. Haut. 13 cm.

195. — Deux bouteilles pouvant former paire, à décor fleuri, sur fond vert.
Époque *Kienlong*. Haut. 29 cm.

196. — Deux potiches formant paire, décorées sur fond jaune de motifs fleuris, famille rose.
Époque *Yungching*. Haut. 26 cm.

197. — Deux autres potiches, à décor fleuri, famille rose, sur fond vert.
Époque *Yungching*. Haut. 25 cm.

198. — Deux vases-cornets, décorés sur fond vert de bouquets fleuris.
Époque *Kienlong*. Haut. 25 cm.

199. — Potiche offrant un décor similaire aux précédentes.
Même époque. Haut. 24 cm.

200. — Deux petites potiches formant paire, à décor de médaillons fleuris de la famille rose, en réserves sur fond vert.
Époque *Yungching*. Haut. 17 cm.

201. — Deux autres potiches offrant un décor similaire.
Époque *Yungcking*. Haut. 20 cm.

202. — Bouteille de forme élancée, en porcelaine blanche, décorée en émaux bleus et rouges de chrysanthèmes stylisés.
Haut. 20 cm.

203. — Cornet offrant un décor similaire au précédent, en porcelaine japonaise d'Imari (Arita).

Haut. 25 cm.

204. — Vase cornet, la panse saillante et quadrilatérale, à décor de vases fleuris; famille verte.

Époque *Kang-hi*. Haut. 20 cm.

205. — Deux petites bouteilles, à décor de personnages, famille rose.

Époque *Yungching*. Haut. 19 cm.

206. — Pot tubulaire, offrant un décor fleuri de la famille rose.

Époque *Yungching*. Haut. 19 cm.

207. — Vase-cornet, décoré sur fond vert de bouquets fleuris, famille rose.

Époque *Kienlong*. Haut. 25 cm.

208. — Deux petites bouteilles, décorées sur fond gravé de bouquets fleuris.

Époque *Kienlong*. Haut. 15 cm.

209. — Deux autres petits vases similaires.

Même époque. Haut. 15 cm.

210. — Deux autres petites bouteilles : l'une *Yungching*, l'autre *Kienlong*, à décor fleuri.

211. — Théière, la panse hexalobée, à décor fleuri, finement exécutée; famille rose.

Époque *Yungching*.

212. — Coupe sur piedouche élevé : décor fleuri, famille rose.

Époque *Yungching*. Haut. 12 cm.

213. — Deux petites bouteilles, formant paire, à décor fleuri, stylisé, sur fond jaune.

Époque *Yungching*.

214. — Deux autres petites bouteilles, à décor fleuri sur fond blanc.

Époque *Yungching*.

215. — Chimère-porte-bouquet, céladon et lie de vin.

Époque *Kienlong*.

216. — Deux écritoires en porcelaine, à décor de personnages.

Époque *Kiaking*.

217. — Jolie bouteille, le col orné de sept cercles concentriques, en flambé.

Époque *Yungching*. Haut. 40 cm.

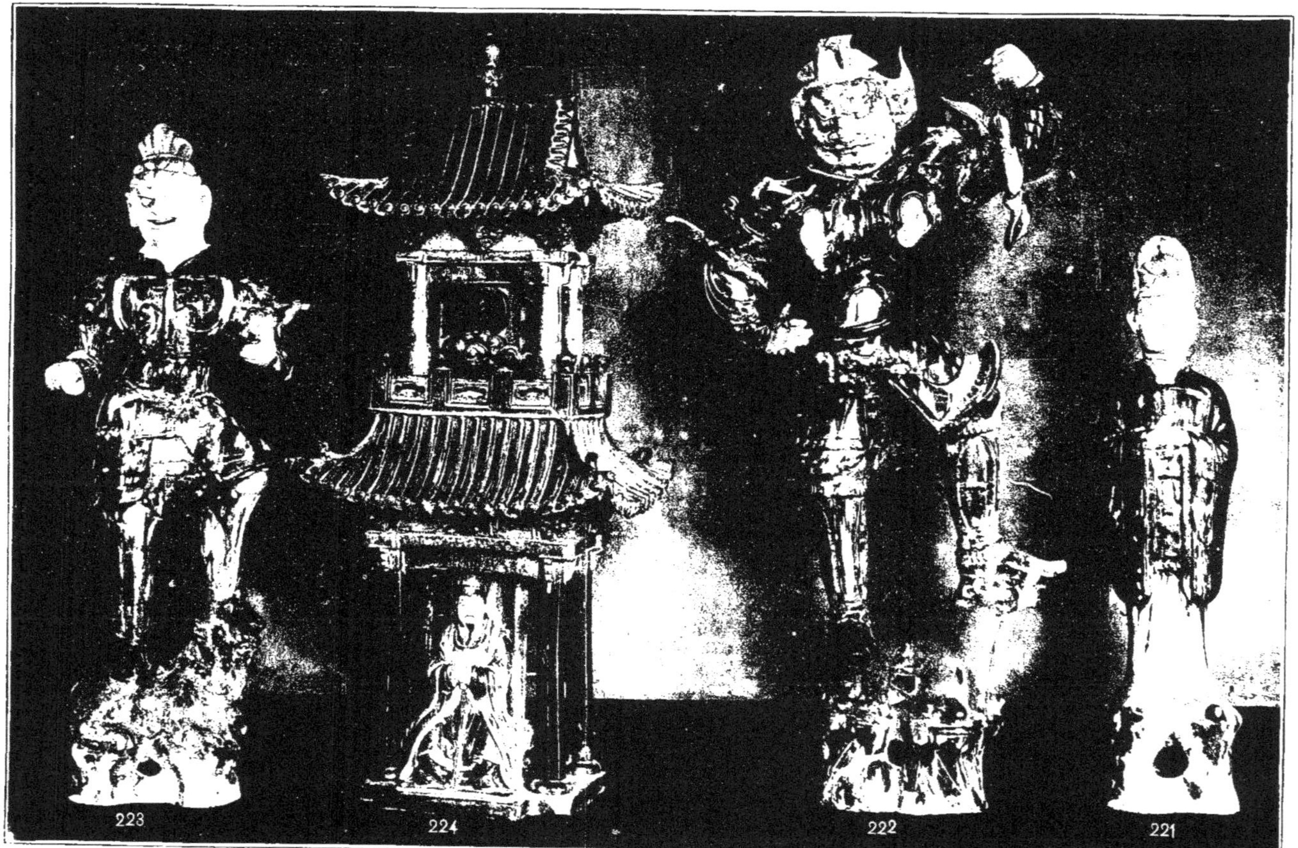
223
224
222
221

218. — Grand vase-cornet, la panse quadrilatérale, à couverte flammee bleu et rouge.
XVIIIe siècle. Haut. 58 cm.

219. — Grand vase-cornet, en porcelaine blanche à fond gravé, décoré en émaux bleus et peau de pêche de médaillons fleuris.
Époque *Kang-hi.* Haut. 75 cm.

220. — Potiche en porcelaine bleu fouetté, à décor or, avec réserve de deux panneaux en émaux rouges.
Époque *Yungching.* Haut. 50 cm.

221. — Grande figure en poterie émaillée trois couleurs, représentant un personnage debout. Pièce de fouille.
Époque *Tang.* Haut. 75 cm.

222. — Autre figure similaire, représentant un guerrier debout, l'air menaçant.
Même époque. Haut. 98 cm.

223. — Une autre figure, similaire, représentant un personnage debout.
Même époque. Haut. 85 cm.

224. — Grande pagode en faïence émaillée, trois couleurs. (Voir reproduction.)
Époque *Ming.* Haut. 95 cm.

225. — Bouteille en forme d'une gourde, à double panse décorée sur fond aubergine de personnages, turquoise et blanc (pièce surdécorée.)
Haut. 35 cm.

226. — Figure en faïence émaillée trois couleurs, représentant un lettré assis.
Époque *Ming.* Haut. 35 cm.

227. — Autre figure, similaire, représentant un guerrier.
Même époque. Haut. 33 cm.

228. — Figure similaire, représentant Kuan-ti, le dieu de la Guerre.
Époque *Ming.* Haut. 25 cm.

229. — Chimère accroupie, en faïence verte.
Époque *Ming.* Haut. 30 cm.

230. — Bouteille piriforme, en faïence trois couleurs.
Époque *Kang-hi.* Haut. 26 cm.

231. — Petit vase en forme d'une gourde à double panse, en faïence, à couverte mouchetée noir et bleu.
Époque *Ming.* Haut. 15 cm.

232. — Deux petites plaquettes, ex-voto, en poterie émaillée, sujets religieux.
Époque *Ming*. Haut. 15 cm.

233. — Autre ex-voto similaire, à couverte turquoise.
Époque *Ming*. Haut. 13 cm.

234. — Figure de Kwannin, en faïence, trois couleurs.
Époque *Kang-hi*. Haut. 20 cm.

235. — Vase-cornet, à décor de personnages; famille rose.
Époque *Yungching*. Haut. 40 cm.

236. — Vase-cornet, à décor de saints personnages; famille rose.
Époque *Yungching*. Haut. 37 cm.

237. — Vase-cornet, offrant un décor similaire, représentant les trois dieux du Bonheur.
Époque *Yungching*. Haut. 41 cm.

238. — Très joli vase-cornet, décoré en réserve, sur fond fleuri, de panneaux fleuris et de paysages.
Époque *Yungching*. Haut. 40 cm.

239. — Grand vase-cornet, la panse quadrilatérale, décoré en réserve sur fond bleu de panneaux à personnages, de tigres et de dragons.
Marque *Ming*, mais *Kienlong*. Haut. 54 cm.

240. — Vase-cornet, décoré sur fond rose de bouquets fleuris ; famille rose.
Époque *Yungching*. Haut. 43 cm.

241. — Potiche, à décor de panneaux fleuris en émaux, trois couleurs.
Époque *Ming*. Haut. 30 cm.

242. — Potiche décorée de chimères courant dans les pivoines.
Époque *Ming*. Haut. 31 cm.

243. — Potiche, en porcelaine bleu et blanc, à décor de cent enfants.
Époque *Kang-hi*. Haut. 35 cm.

244. — Potiche couverte, décorée sur fond céladon, en émaux bleu et peau de pêche, de personnages sous un pin.
Époque *Kang-hi*. Haut. 35 cm.

245. — Paire de potiches, en porcelaine bleu et blanc, à décor de sapins et de grues, signe de longévité.
Époque *Kang-hi*. Haut. 35 cm.

246. — Potiche, la panse arrondie, en porcelaine bleu et blanc, à décor fleuri stylisé.
Époque *Kienlong*. Haut. 29 cm.

247. — Vase-cornet, en porcelaine gros bleu, décoré en or de dragons et de fong-hoang.
Époque *Kienlong*. Haut. 42 cm.

248. — Deux vases-cornets, formant paire, en porcelaine bleu fouetté.
Époque *Kang-hi*. Haut. 43 cm.

249. — Deux pots à gingembre, formant pendants, à décor de fong-hoang et de bouquets fleuris; famille rose.
Époque *Yungching*. Haut. 20 cm.

250. — Vase-cornet, à décor de personnages; famille rose.
Époque *Yungching*. Haut. 26 cm.

251. — Vase-cornet, offrant un décor similaire.
Même époque. Haut. 26 cm.

252. — Vase pitong, à décor de personnages; famille verte.
Époque *Kang-hi*. Haut. 13. cm.

253. — Vase pitong, offrant un décor similaire.
Même époque. Haut. 13 cm.

254. — Pot à riz couvert, à décor fleuri, en réserve, sur fond vert; famille rose.
Époque *Yungching*. Haut. 20 cm.

255. — Pot similaire, décoré sur fond noir.
Époque *Yungching*. Haut. 20 cm.

256. — Pot à riz, décoré en reserve sur fond noir, de médaillons fleuris; famille rose.
Époque *Yungching*. Haut. 20 cm.

257. — Paire de chimères en émaux trois couleurs.
Époque *Kang-hi*. Haut. 20 cm.

258. — Coupe en forme d'une feuille de lotus, émaux vert et aubergine.
Époque *Kienlong*. Diam. 21 cm.

259. — Large vase tubulaire, à décor de personnages sur une terrasse fleurie.
Époque *Kang-hi*. Haut. 21 cm.

260. — Petite potiche, à décor de canards et de plantes aquatiques.
Époque *Kang-hi*. Haut. 25 cm.

261. — Vase élancé, le corps tubulaire, à décor de plantes aquatiques.
Époque *Kang-hi*. Haut. 25 cm.

262. — Petite bouteille piriforme, à décor de personnages; famille rose.
Époque *Yungching*. Haut. 19 cm.

263. — Vase tubulaire, joliment décoré d'un personnage sur une mule.
Époque *Yungching*. Haut. 17 cm.

264. — Vase de forme arrondie, à décor de jolies femmes.
Époque *Kienlong*. Haut. 20 cm.

265. — Vase-cornet, de forme quadrilatérale, décoré en réserve, sur fond corail, de deux médaillons à personnages.
Époque *Kienlong*. Haut. 20 cm.

266. — Potiche, le col coupé, à décor de nombreux personnages sur une terrasse fleurie; famille verte.
Époque *Kang-hi*. Haut. 39 cm.

267. — Vase rouleau très joliment décoré en réserve, sur fond fantaisie, de panneaux de fleurs et d'oiseaux. Très belle qualité. Famille verte.
Époque *Kang-hi*. Haut. 48 cm.

268. — Autre vase rouleau, très joliment décoré d'oiseaux sur les rochers, au milieu des fleurs. Famille verte.
Époque *Kang-hi*. Haut. 45 cm.

269. — Très joli vase rouleau, décoré en émaux de la famille verte d'un oiseau sur un buisson fleuri.
Époque *Kang-hi*. Haut. 46 cm.

270. — Deux petites potiches, formant paire, à décor de personnages sur une terrasse.
Époque *Kang-hi*. Haut. 20 cm.

271. — Petite potiche, à décor de bouquets fleuris, au milieu des rochers.
Époque *Kang-hi*. Haut. 18 cm.

272. — Petite potiche, à décor de bouquets fleuris et d'oiseaux ; famille rose.
Époque *Yungching*. Haut. 18 cm.

273. — Vase-rouleau, à décor de personnages ; famille verte.
Époque *Kang-hi*. Haut. 18 cm.

274. — Petite potiche, de forme élancée, à décor de personnages.
Époque *Kienlong*. Haut. 20 cm.

PIERRES DE LARD

275. — Groupe en pierre de lard, représentant une divinité dans les rochers, assistée de deux serviteurs.

Haut. 27 cm.

276. — Kwannin en pierre de lard.

277. — Cloche suspendue, en stéatite brune.

Haut. 24 cm.

PIERRES DURES

278. — Fong-hoang, en jade brûlé.

Haut. 14 cm.

279. — Chèvre mâchonnant une tige fleurie. Jade brûlé.

Diam. 13 cm.

280. — Cloche suspendue en jade de fouille, à décor de palmettes et d'ornements variés.

Haut. 19 cm.

281. — Vase suspendu en jade vert émeraude, décoré de motifs à taotieh.

Haut. 15 cm.

282. — Petit vase-cornet, la panse en losange, à décor de grecques, de palmes et de taotieh, jade vert foncé.

Haut. 16 cm.

283. — Bloc en quartz rose, à décor de pins et de champignons de longévité.

Haut. 13 cm.

284. — Vase porte-bouquets, en agate bleutée, à décor de bambous et d'insectes.

Haut. 10 cm.

285. — Vase couvert en agate bleutée, à décor de branches de pêches.

Haut. 9 cm.

286. — Porte-bouquets en agate ambrée, imitant une main de Bouddha (citron digité).

Haut. 10 cm.

287. — Coupe en forme d'une feuille en agate brune.

Diam. 11 cm.

288. — Vase couvert et son socle, en agate brune, sculpté de deux personnages.

Haut. 18 cm.

289. — Rocher en jade blanc, animé de personnages.

Haut. 15 cm.

290. — Vase-cornet, en jade blanc, décoré sur la panse d'arètes dentelées (forme bronze), jade blanc.

Haut. 15 cm.

291. — Petit vase couvert, en jade blanc, à décor fleuri.

Haut. 15 cm.

292. — Ornement en jade blanc, représentant une barque avec nombreux personnages.

Diam. 12 cm.

293. — Boite de forme irrégulière et côtelée, gravée de motifs fleuris, jade blanc.

Diam. 8 cm.

294. — Vase en jade blanc, la panse aplatie, scluptée en haut relief, de salamandres.

Haut. 13 cm.

295. — Porte-bouquets, en jade moucheté brun, décor fleuri.

Haut. 12 cm.

296. — Bol creux en jade brûlé uni.

Diam. 12 cm.

297. — Presse-papiers, en jade brûlé, représentant un garçonnet accroupi sur une calebasse.

Diam. 8 cm.

298. — Petit groupe en jade noir et blanc, représentant une corbeille fleurie.

299. — Ornement en jade gris, représentant le caractère du bonheur, surmonté d'un papillon.

Haut. 8 cm.

300. — Petite coupe en jade blanc, représentant un fruit enfeuillagé.

Diam. 7 cm.

301. — Vase couvert en cristal de roche, accolé à un fong-hoang.

Haut. 15 cm.

302. — Petit brûle-parfums, en forme d'un losange en cristal de roche sculpté de nuages.

Diam. 10 cm.

303. — Ornement en calcédoine, représentant une barque chargée de personnages.

304. — Vase couvert, simulant une gourde à double panse, enfeuillagée, en agate rouge.

Haut. 9 cm.

305. — Vase couvert, en forme d'un fruit enfeuillagé en améthyste.

Haut. 9 cm.

306. — Ornement en jade blanc. Singe et cheval.

307. — Boucle de ceinture, en jade blanc, décorée de salamandres.

308-309. — Deux boucles de ceinture, en jade blanc, offrant un décor similaire.

310. — Joli ornement en jade blanc, représentant un papillon.

311. — Ornement en jade blanc, silhouettant une chauve-souris.

312. — Disque en jade blanc, ajouré de deux personnages et de rinceaux fleuris.

313. — Pendentif en jade blanc ajouré, simulant un papillon.

314. — Ornement en jade blanc sculpté d'une grenouille sur une feuille aquatique.

315. — Ornement en jade blanc : deux garçonnets près d'une cage.

316. — Ornement en jade blanc : crabe.

317. — Ornement en jade blanc : poisson.

318. — Ornement en jade blanc : personnage et chimère.

319. — Ornement en jade blanc : grenouille et chauve-souris sur une feuille aquatique.

320. — Pendentif en jade blanc : personnage sous un pin.

321. — Pendentif en jade blanc : chauves-souris et chimères

322. — Pendentif en jade blanc : disque ajouré de chauves-souris, le motif central mobile, pris dans la masse.

323. — Disque en jade blanc, gravé de motifs géométriques.

324. — Disque en jade verdâtre, de décor similaire.

325. — Pendentif en jade blanc : personnage et dragons ajourés.

326. — Pendentif en jade blanc, taché émeraude : personnages et dentelles de feuille.

327. — Pendentif en agate brune : fruits enfeuillagés.

328. — Pendentif en jade blanc, tache émeraude, ajouré de fruits enfeuillagés.

329. — Pendentif en ambre rouge : dragons affrontés.

330. — Pendentif en jade émeraude : chauves-souris et caractères du bonheur.

331. — Pendentif en jade émeraude : cerf sous un pin.

332. — Pendentif en jade émeraude : écureuil dans la vigne.

333. — Disque ajouré de motifs fleuris, en jade blanc, tache émeraude.

334. — Pendentif en jade blanc, tache émeraude : personnages et chauves-souris.

335. — Pendentif en jade blanc, tache émeraude : fruits enfeuillagés.

336. — Pendentif en jade blanc, tache émeraude : plaquette et motifs fleuris.

337. — Pendentif en jade blanc, tache émeraude : motifs fleuris.

338. — Pendentif en jade blanc, tache émeraude : poisson et lianes fleuries.

339. — Pendentif en jade blanc, tache émeraude : oiseaux et fleurs.

340. — Pendentif en jade blanc, tache émeraude : caractères de longue vie et dragons.

341. — Pendentif en jade blanc, tache émeraude : poissons et lianes fleuries.

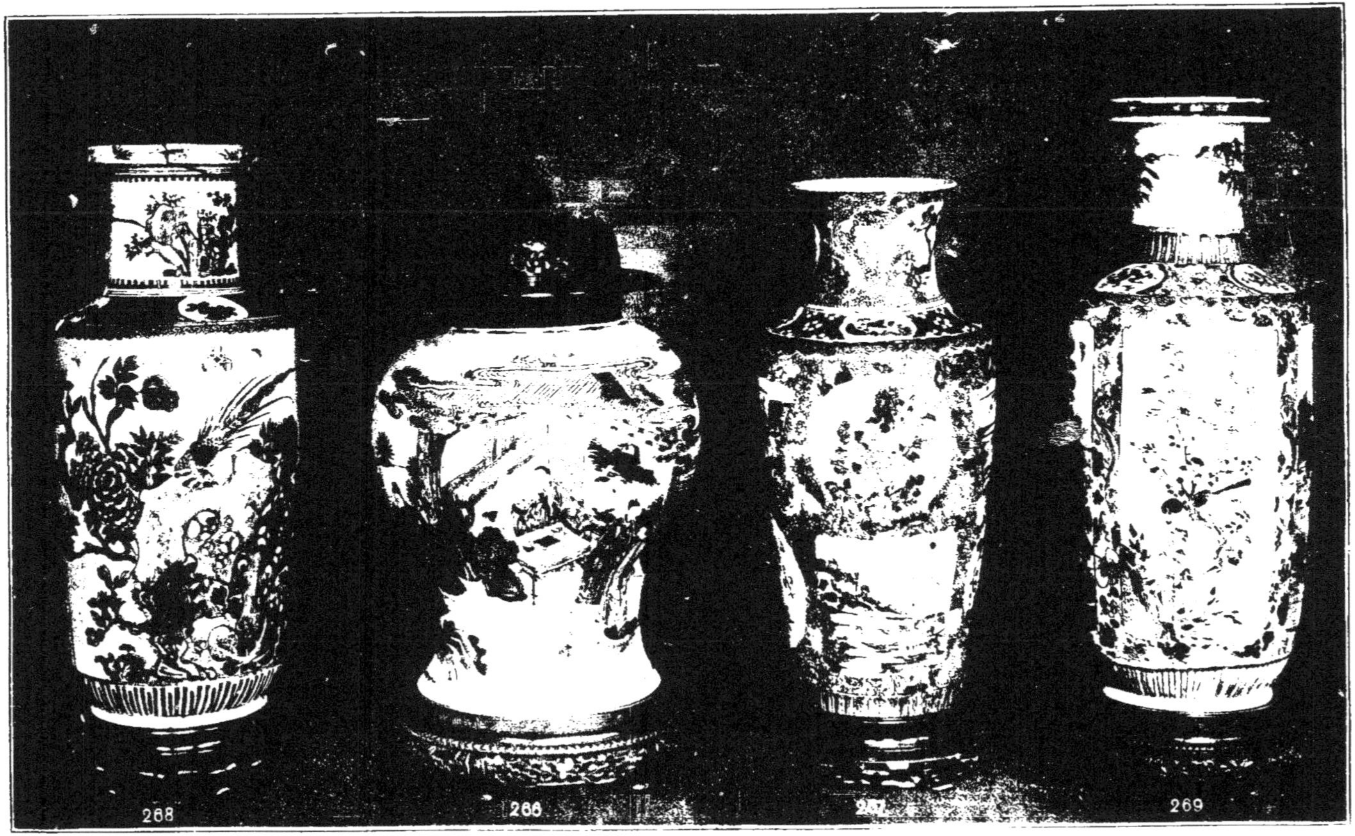
268
266
269

BOLS ET ASSIETTES EN PORCELAINE

342. — Cuvette en porcelaine, décorée sur fond blanc de bouquets fleuris en émaux bruns et bleus.
Marquée : *Kang-hi.* Diam. 38 cm.

343. — Bol à décor de bouquets fleuris ; famille rose.
Époque *Yungching.* Diam. 18 cm.

344. — Bol très évasé, en porcelaine blanche gravée.
Époque *Ming.* Diam. 13 cm.

345. — Bol creux, à décor de personnages.
Époque *Yungching.* Diam. 17 cm.

346-347. — Bols évasés, décorés extérieurement en émaux bruns de fong-hoang dans les fleurs,
Époque *Kienlong.* Diam. 20 cm.

348. — Bol blanc, décoré sur fond gravé, de bouquets fleuris.
Époque *Kienlong.* Diam. 20 cm.

349. — Bol évasé, décoré sur fond aubergine, de bouquets réservés, trois couleurs.
Époque *Kang-hi.* Diam. 19 cm.

350. — Bol à couverte sang de bœuf.
Époque *Ming.* Diam. 19 cm.

351. — Bol en porcelaine bleu et blanc, à décor de motifs fleuris.
XVIIIe siècle.

352. — Bol creux en porcelaine bleu et blanc, à décor de caracteres et de motifs fleuris.
XVIIIe siècle.

TROISIÈME VACATION

CÉRAMIQUE CHINOISE

353. — Deux petits vases en porcelaine bleu et blanc : l'un *Ming*, l'autre *Kienlong*, à décor fleuri.
Haut. 12 cm.

354. — Deux vases en porcelaine bleu et blanc, à décor fleuri.
Époque *Kang-hi.* Haut. 18 cm.

355. — Deux vases en porcelaine bleu et blanc, à décor fleuri.
Époque *Kang-hi.* Haut. 16 cm.

356. — Deux vases, de forme arrondie, en porcelaine bleu et blanc, à décor fleuri.
Époque *Kang-hi.* Haut. 15 cm.

357. — Deux vases en porcelaine bleu et blanc, à décor fleuri.
Époque *Kang-hi.* Haut. 15 cm.

358. — Deux vases en porcelaine bleu et blanc, à décor fleuri.
Époque *Yungching.* Haut. 15 cm.

359. — Deux pots arrondis, à décor de chimères, en émaux trois couleurs.
Époque *Ming.* Haut. 14 cm.

360. — Deux autres vases, offrant un décor similaire.
Époque *Ming.* Haut. 20 cm.

361. — Deux vases, à décor de panneaux fleuris, en émaux trois couleurs.
Époque *Ming.* Haut. 18 cm.

362. — Deux autres vases similaires.
Époque *Ming.* Haut. 16 cm.

363. — Deux petits pots arrondis, décorés de dragons en émaux trois couleurs.
Époque *Ming*. Haut. 15 cm.

364. — Deux autres pots, de forme arrondie, à décor similaire.
Époque *Ming*. Haut. 17 cm.

365. — Verseuse en faïence émaillée, trois couleurs.
Époque *Tang*. Haut. 25 cm.

366. — Verseuse, dont le corps imite celui d'un fong-hoang, en terre émaillée, trois couleurs.
Époque *Tang*. Haut. 25 cm.

367. — Maisonnette en faïence et pot arrondi, en terre émaillée.
Époques *Ming* et *Han*.

368. — Une paire de vases, de forme allongée, décorés au col, en relief, de nombreux personnages. Couverture crème craquelée.
Époque *Han*. Haut. 45 cm.

369. — Une autre paire de vases, de forme, de décor et d'époque similaires.
Haut. 54 cm.

370. — Vase en forme d'amphore, la panse hexagonale, couverte argentée.
Époque *Ming*. Haut. 35 cm.

371. — Vase similaire au nº 368-369.
Haut. 39 cm.

372. — Maisonnette, en faïence émaillée brun.
Époque *Ming*. Haut. 27 cm.

373. — Autre maisonnette, en brique émaillée turquoise.
Époque *Ming*. Haut. 30 cm.

374. — Deux figures (tuile faîtière) représentant deux des Pa'hsun, en terre émaillée, trois couleurs.
Époque *Ming*. Haut. 39 cm.

375. — Figure en terre émaillée turquoise.
Époque *Ming*. Haut. 40 cm.

376. — Tuile faîtière, représentant un cavalier mongol, couverte trois couleurs.
Époque *Ming*. Haut. 35 cm.

377. — Temple en terre émaillée brun et turquoise.
Époque *Ming*. Haut. 30 cm.

378. — Deux figures en poterie de fouille.
Époque *Tang*. Haut. 26 cm.

379. — Cinq figures en poterie de fouille, à couverte argentée.
Époque *Tang*. Haut. 23 cm.

380. — Deux autres figures similaires, non émaillées.
Époque *Tang*. Haut. 27 cm.

381. — Grand vase en poterie émaillée vert, à reflets argentés.
Époque *Han*. Haut. 36 cm.

382. — Autre vase, de forme et de couverte similaires.
Époque *Han*. Haut. 41 cm.

383. — Chimère en biscuit aubergine et turquoise, sur socle rectangulaire.
Époque *Ming*. Haut. 29 cm.

384. — Figure de Lao-tse, dans une chapelle naturelle au milieu des rochers. Couverte aubergine et turquoise.
Époque *Ming*. Haut. 36 cm.

385. — Vase, de forme arrondie, à couverte crème, décoré en brun et noir, de signes du bonheur et de rinceaux fleuris.
Époque *Ming*. Haut. 30 cm.

386. — Vase, de forme ovoïde, en faïence émaillée blanc, à petites craquelures.
Époque *Ming*. Haut. 36 cm.

387. — Vase-cornet, en faïence de même couverte.
Époque *Ming*. Haut. 31 cm.

388. — Vase de forme ovoïde, orné de deux médaillons gravés. Même couverte.
Époque *Ming*. Haut. 26 cm.

389. — Vase-cornet, la panse quadrilatérale. Même couverte.
Époque *Ming*. Haut. 33 cm.

390. — Vase en forme d'une gourde, à double panse, à décor de rinceaux fleuris. Même couverte.
Époque *Ming*. Haut. 35 cm.

391. — Bouteille à large panse surélevée. Même couverte.
Époque *Ming*. Haut. 40 cm.

392. — Vase-cornet, en porcelaine, ancien blanc de Chine.
Époque *Ming*. Haut. 26 cm.

393. — Bouteille à large col tubulaire, en porcelaine similaire au précédent.
Époque *Ming.* Haut. 25 cm.

394. — Une paire de chimères, en faïence émaillée crème.
Époque *Ming.* Haut. 20 cm.

395. — Chimère en porcelaine, à couverte céladon.
Époque *Ming.* Diam. 25 cm.

396. — Vase-cornet, la panse aplatie hexagonale, en porcelaine céladon.
Époque *Yungching.* Haut. 28 cm.

397. — Vase en porcelaine, à couverte bleutée, style des *Sung.*
Époque *Ming.* Haut. 28 cm.

398. — Pot arrondi, à couverte céladon, à larges craquelures.
Époque *Ming.* Haut. 20 cm.

399. — Pot à gingembre, en porcelaine émaillée vert.
Époque *Ming.* Haut. 20 cm.

400. — Pot, similaire au précédent.

401. — Vase-cornet, largement évasé, à décor de palmes. Couverte céladon.
Époque *Yungching.* Haut. 21 cm.

402. — Vase-cornet en porcelaine gravée, sous couverte céladon, de motifs fleuris.
Époque *Ming.* Haut. 28 cm.

403. — Vase-cornet, à couverte céladon. Porcelaine.
Époque *Ming.* Haut. 27 cm.

404. — Grand vase-cornet, en faïence émaillée vert, à décor fleuri.
Époque *Ming.* Haut. 50 cm.

405. — Une paire de figures en faïence émaillée, trois couleurs.
Époque *Ming.* Haut. 68 cm.

406. — Grand vase, en faïence émaillée crème, à petites craquelures.
Époque *Ming.* Haut. 60 cm.

407. — Pot arrondi, à couverte aubergine.
Époque *Yungching.* Haut. 20 cm.

408. — Brûle-parfums, émaillé aubergine, décoré de deux macarons.
Époque *Yungching.* Diam. 20 cm.

409. — Pot couvert en porcelaine bleu, gravé sous couverte de motifs fleuris.
Époque *Kang-hi.* Haut. 21 cm.

410. — Vasque en forme d'une boule, à couverte bleue.
Cachet *Kienlong.* Haut. 25 cm.

411. — Pot à gingembre, couvert en porcelaine bleu.
Époque *Kienlong.* Haut. 23 cm.

412. — Grand vase-cornet, décoré en relief de motifs fleuris. Couverte bleue.
Époque. *Yungching.* Haut. 48 cm.

413. — Potiche couverte, en porcelaine émaillée bleu.
Époque *Ming.* Haut. 47 cm.

414. — Potiche couverte, flanquée de deux anses à têtes chimériques. Couverte aubergine.
Époque *Ming.* Haut. 34 cm.

415. — Deux bouteilles formant paire, à couverte brune, poudre de fer.
Époque *Kienlong.* Haut. 34 cm.

416. — Grande bouteille en porcelaine céladon, décorée de motifs fleuris.
Époque *Ming.* Haut. 36 cm.

417. — Vasque de forme arrondie, en porcelaine céladon.
Époque *Ming.* Haut. 18 cm.

418. — Grand pot, de forme arrondie, orné de deux anses. Couverte jaune.
Époque *Yungching.* Haut. 31 cm.

419. — Autre pot similaire, les anses coupées.
Haut. 33 cm.

420. — Bouteille à large col tubulaire, à couverte poudre de thé.
Époque *Kienlong.* Haut. 25 cm.

421. — Bouteille à couverte céladon, décorée de feuilles de lotus, le col imitant un lobe de fleurs.
Époque *Kienlong.* Haut. 30 cm.

422. — Vase-cornet, à couverte céladon, gravé de motifs fleuris.
Époque *Yungching.* Haut. 35 cm.

423. — Vase-cornet, de décor et de couverte similaires.
Époque *Yungching.* Haut. 32 cm.

424. — Vase-cornet, gravé sous couverte céladon de motifs fleuris.
Époque *Kienlong.* Haut. 45 cm.

425. — Bouteille à large col tubulaire, couverte céladon craquelé.
Époque *Yungching.* Haut. 34 cm.

426. — Bouteille à large col, en ancien blanc de Chine.
Époque *Yungching.* Haut. 42 cm.

427. — Vase-cornet, en ancien blanc de Chine, gravé de motifs fleuris.
Époque *Kang-hi.* Haut. 34 cm.

428. — Pot coupé, en ancien blanc de Chine, gravé des caractères de longévité.
Époque *Kienlong.* Haut. 23 cm.

429. — Pot arrondi, en ancien blanc de Chine, gravé de nuages.
Époque *Yungching.* Haut. 19 cm.

430. — Vasque de forme arrondie, en ancien blanc de Chine, gravée de motifs fantaisie.
Époque *Kienlong.* Haut. 16 cm.

431. — Vase-cornet, la panse aplatie, à couverte céladon craquelé.
Époque *Yungching.* Haut. 26 cm.

432. — Vase-cornet, la panse quadrilatérale, même couverte.
Même époque. Haut. 23 cm.

433. — Bouteille à large col orné en relief d'un dragon. Couverte céladon craquelé.
Époque *Yungching.* Haut. 36 cm.

434. — Bouteille à couverte flambée rouge.
Époque *Yungching.* Haut. 35 cm.

435. — Autre bouteille similaire.
Même époque.

436. — Bouteille piriforme, à long col tubulaire.
Même époque, même couverte. Haut. 43 cm.

437. — Bouteille en porcelaine flambée bleu.
Époque *Yungching.* Haut. 40 cm.

438. — Vase de forme ovoïde, à large col évasé, couverte noire.
Époque *Kienlong.* Haut. 38 cm.

439. — Bouteille en porcelaine aubergine unie.
Époque *Yungching.* Haut. 32 cm.

440. — Vase-cornet, la couverte similaire.
Même époque. Haut. 29 cm.

441. — Bouteille à large col tubulaire, à couverte turquoise.
Époque *Yungching.* Haut. 32 cm.

442. — Deux potiches couvertes, formant paire, à décor de fong-hoang dans les fleurs, en émaux trois couleurs.
Époque *Ming.* Haut. 40 cm.

443. — Potiche décorée en émaux trois couleurs, de phénix et de dragons.
Époque *Ming.* Haut. 36 cm.

444. — Vase-cornet en porcelaine, à décor de personnages; famille rose.
Époque *Yungching.* Haut. 43 cm.

445. — Deux vases-cornets, formant paire, décorés sur fond vert de motifs fleuris; famille rose.
Époque *Kienlong.* Haut. 35 cm.

446. — Vase-coupe, très finement décoré de personnages; famille rose.
Époque *Yungching.* Haut. 23 cm.

447. — Vase-coupe, de forme et de décor similaires.
Époque *Yungching.* Haut. 23 cm.

448. — Vase-coupe, à décor de personnages à cheval.
Époque *Yungching.* Haut. 22 cm.

449. — Vase-coupe, à décor de femmes et d'enfants; famille rose.
Époque *Yungching.* Haut. 26 cm.

450-451. — Deux pots arrondis, à décor de fleurs et oiseaux; famille rose.
Époque *Yungching.* Haut. 23 cm.

452. — Potiche décorée en émaux trois couleurs, de motifs fleuris stylisés.
Époque *Ming.* Haut. 30 cm.

453. — Potiche couverte, à décor des cent enfants; famille rose.
Époque *Yungching.* Haut. 35 cm.

454. — Vase-cornet, décoré en émaux trois couleurs, de personnages sur une terrasse et de motifs fleuris.
Époque *Ming.* Haut. 37 cm.

455. — Vase-cornet, à décor de personnages sur une terrasse, émaux trois couleurs.
Haut. 45 cm.

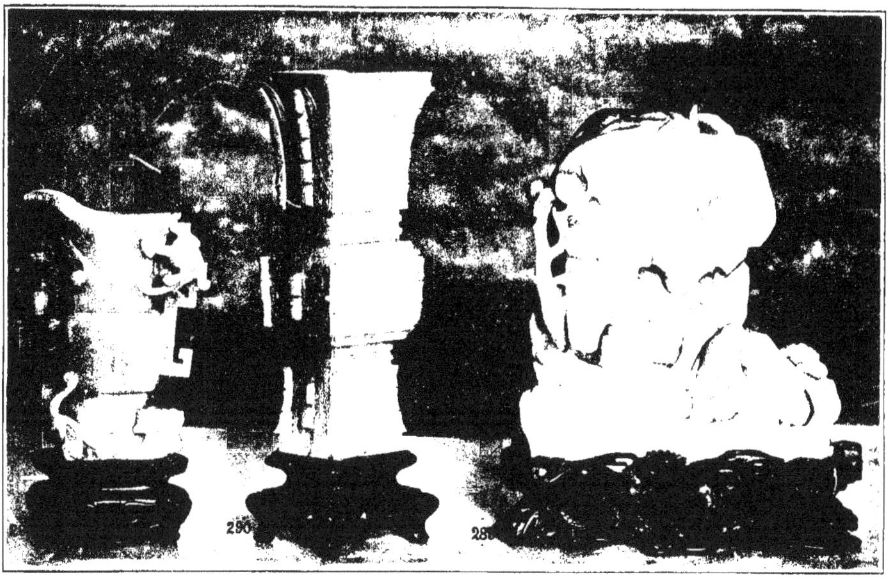
290

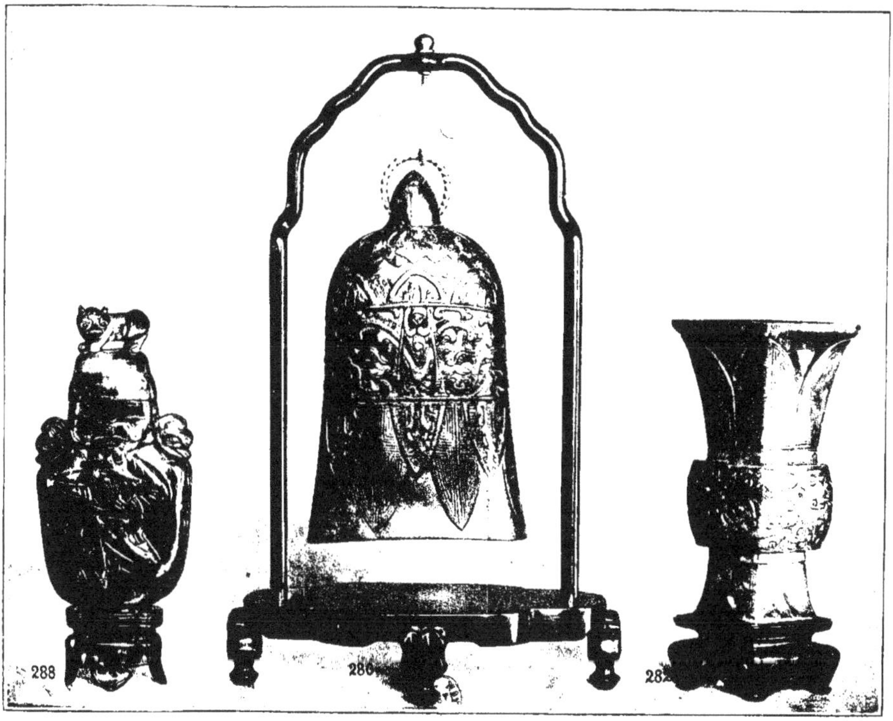
288
280

456. — Potiche décorée de quatre panneaux fleuris en émaux trois couleurs.
Époque *Ming.* Haut. 30 cm.

457. — Potiche décorée en émaux trois couleurs, de nombreux personnages sur une terrasse.
Époque *Ming.* Haut. 35 cm.

458. — Potiche couverte, décorée de bandes alternatives jaune, rouge et bleu, à motifs fleuris.
Époque *Kienlong.* Haut. 43 cm.

459. — Potiche décorée sur fond vert de motifs fleuris et d'enfants, en émaux de la famille rose.
Époque *Kienlong.* Haut. 39 cm.

460. — Potiche couverte, offrant un décor similaire.
Même époque. Haut. 45 cm.

461. — Vasque décorée sur fond vert de motifs fleuris; famille rose.
Époque *Yungching.* Diam. 25 cm.

462. — Pot à gingembre, à décor de dragons et de poissons.
Époque *Yungching.* Diam. 15 cm.

463. — Deux vases-cornets, formant paire, décorés sur fond vert de motifs fleuris et d'oiseaux; famille rose.
Époque *Kienlong.* Haut. 46 cm.

464. — Petite potiche, à décor de personnages à cheval.
Époque *Ming.* Haut. 25 cm.

465. — Deux pots couverts, de forme arrondie, décorés sur fond vert, de motifs fleuris de la famille rose.
Epoque *Kienlong.* Haut. 23 cm.

466. — Deux potiches, formant paire, offrant un décor similaire.
Époque *Kienlong.* Haut. 26 cm.

467. — Vase-cornet, le col coupé, à décor de chevaux et de personnages; famille rose.
Époque *Yungching.* Haut. 43 cm.

468. — Vase-cornet, à décor de phénix et de motifs fleuris; famille rose.
Époque *Yungching.* Haut. 38 cm.

469. — Vase-cornet, à décor de rinceaux fleuris, en émail bleu et peau de pêche.
Époque *Kienlong.* Haut. 35 cm.

470. — Deux magots, portant des vases fleuris, accompagnés de deux enfants, en émaux trois couleurs.
Époque *Ming*. Haut. 35 cm.

471. — Une autre paire de magots similaires.
Haut. 27 cm.

472. — Grande figure de Kwannin, en ancien blanc de Chine.
Époque *Kienlong*. Haut. 46. cm.

473. — Autre figure de Kwannin, en ancien blanc de Chine.
Époque *Ming*. Haut. 47 cm.

474. — Figure de Kwannin, en blanc de Chine, surdécorée, cinq couleurs.
Époque *Kienlong*. Haut. 40 cm.

475. — Petite bouteille, en faïence aubergine.
Époque *Ming*. Haut. 22 cm.

476. — Coq en porcelaine, blanc de Chine.
Époque *Kienlong*. Haut. 18 cm.

477. — Deux petites potiches, à décor fleuri; famille rose.
Époque *Yungching*. Haut. 15 cm.

478. — Paire de chimères, en porcelaine émaillée, trois couleurs.
Époque *Kang-hi*. Haut. 20 cm.

479. — Une autre paire de chimères.
Même époque. Haut. 17 cm.

481. — Théière, représentant un éléphant en faïence, trois couleurs.
Époque *Ming*. Diam. 15 cm.

482. — Chien accroupi, en porcelaine.
Époque *Kienlong*. Diam. 19 cm.

483. — Paire de perruches, en porcelaine émaillée, trois couleurs.
Époque *Kienlong*. Haut. 15 cm.

484. — Une autre paire similaire.
Même époque. Haut. 19 cm.

485. — Perruche en faïence émaillée vert.
Époque *Ming*. Haut. 23 cm.

486. — Figure en blanc de Chine, représentant le dieu des Lettres.
Époque *Ming*. Haut. 34 cm.

487. — Figure en blanc de Chine, représentant la Kwannin avec l'Enfant.
Époque *Ming*. Haut. 19 cm.

488. — Figure en blanc de Chine, représentant le dieu de la Guerre, à cheval.
Époque *Ming*. Haut. 23 cm.

489. — Figure en blanc de Chine, représentant une divinité assise sur une chimère.
Époque *Kienlong*. Haut. 20 cm.

490. — Paire de chimères, en blanc de Chine.
Époque *Kienlong*. Haut. 17 cm.

491. — Figure de poussah, accroupi et souriant, blanc de Chine.
Époque *Ming*. Haut. 13 cm.

492. — Figure en blanc de Chine, représentant le dieu des Lettres.
Époque *Ming*. Haut. 16 cm.

493. — Vase rouleau, orné de deux anses mascarons, blanc de Chine.
Époque *Kienlong*. Haut. 16 cm.

494. — Deux petites bouteilles, à décor fleuri sur fond rose.
Époque *Kienlong*. Haut. 14 cm.

495. — Paire de petits vases, à décor fleuri; famille rose.
Époque *Yungching*. Haut. 12 cm.

496. — Vase cornet, à décor de personnages; famille rose.
Époque *Yungching*. Haut. 14 cm.

497. — Paire de vases-cornets, à décor fleuri; famille rose.
Époque *Yungching*. Haut. 19 cm.

498. — Potiche en porcelaine, bleu fouetté, à décor de personnages; famille rose.
Époque *Yungching*. Haut. 23 cm.

499. — Paire de vases-cornets, la panse quadrilatérale, à décor fleuri; famille rose.
Époque *Yungching*. Haut. 23 cm.

500. — Paire de potiches, couvertes, décorées sur fond vert de motifs fleuris et d'oiseaux en émaux; famille rose.
Époque *Kienlong*. Haut. 30 cm.

501. — Paires de vases-cornets, décorés sur fond rose de motifs fleuris.
Époque *Kienlong*. Haut. 26 cm.

502. — Deux potiches, formant pendants, à décor fleuri; famille rose.
Époque *Yungching.* Haut. 19 cm.

503. — Deux petits pots, couverts, à décor fleuri en réserve sur fond couleur.
Époque *Yungching.* Haut. 12 cm.

504. — Théière en porcelaine, à décor de dragons dans les nuages et de motifs fleuris en émaux rouge corail et bleu.
Époque *Kienlong.* Haut. 14 cm.

505. — Petite théière à fond rose gravé, décorée en réserve de paysages.
Époque *Kienlong.* Haut. 14 cm.

506. — Vase-cornet en porcelaine bleu fouetté, décoré en or de papillons et de motifs fleuris.
Époque *Kang-hi.* Haut. 45 cm.

507. — Bouteille en porcelaine, décorée en or sur fond gros bleu, de motifs fleuris et de papillons.
Époque *Kienlong.* Haut. 43 cm.

508. — Vase pitong, en porcelaine bleu fouetté à traces d'or.
Époque *Kang-hi.* Haut. 15 cm.

509. — Deux potiches, couvertes, en porcelaine bleu et blanc, à décor fleuri en réserve sur fond bleu.
Époque *Kang-hi.* Haut. 33 cm.

510. — Grand vase-cornet en porcelaine bleu et blanc, à décor de personnages sur une terrasse.
Époque *Kang-hi.* Haut. 46 cm.

511. — Grand vase-cornet, à décor fleuri bleu sur fond blanc.
Époque *Kang-hi.* Haut. 46 cm.

512. — Deux potiches, couvertes, formant paire, en porcelaine bleu et blanc, à décor de jeunes femmes et d'enfants.
Époque *Kang-hi.* Haut. 40 cm.

513. — Pot de forme arrondie, en porcelaine céladon, décoré en émaux bleus, de sapins et de grues, signes de longévité.
Époque *Kang-hi.* Haut. 24 cm.

514. — Vase de forme ovoïde, flanqué de deux anses en porcelaine céladon, à décor bleu de sapins et de cerfs.
Époque *Kienlong.* Haut. 25 cm.

515. — Vase-coupe, en porcelaine bleu et blanc, d'une belle qualité, à décor de chimères jouant avec la sphère.
Époque *Kang-hi.* Haut. 23 cm.

516. — Vase, de forme ovoïde, à décor de dragons et de rinceaux fleuris, en émaux peau de pêche.

Époque *Kienlong*. Haut. 27 cm.

517. — Bouteille de forme ovoïde, en porcelaine blanche, décorée en émaux peau de pêche, d'oiseaux et de motifs fleuris.

Époque *Kienlong*. Haut. 36 cm.

518. — Bouteille en porcelaine, décorée sur fond jaune de rinceaux fleuris et de palmettes.

Époque *Kienlong*. Haut. 32 cm.

519. — Potiche en porcelaine, décorée en émaux, trois couleurs de personnages sur une terrasse.

Époque *Ming*. Haut. 30 cm.

520. — Petite potiche, à panse côtelée, finement décorée de motifs fleuris.

Époque *Yungching*. Haut. 20 cm.

521. — Pot de forme arrondie, en porcelaine, à couverte bleu pâle, gravé de nuages et de motifs fleuris.

Époque *Yungching*. Haut. 23 cm.

522. — Vasque en porcelaine, à couverte céladon.

Époque *Ming*. Diam. 24 cm.

523. — Bouteille en porcelaine, à couverte rouge haricot.

Époque *Kienlong*. Haut. 28 cm.

524. — Pot couvert, en faïence émaillée vert pastel.

Époque *Kienlong*. Haut. 21 cm.

525. — Vase de forme ovoïde, élancée, décoré sous couverte céladon, de motifs de lotus.

Époque *Kienlong*. Haut. 28 cm.

526. — Bouteille piriforme, la panse surélevée, à couverte céladon.

Époque *Kienlong*. Haut. 24 cm.

527. — Deux petits vases : l'un vert, l'autre jaune, à décor de bouquets fleuris.

Époque *Kienlong*. Haut. 17 cm.

528. — Vase en porcelaine blanche, décoré en rouge d'un des Pa'hsion.

Époque *Kienlong*. Haut. 17 cm.

529. — Deux théières en porcelaine céladon, tachée peau de pêche, imitant une pêche de longévité.

Époque *Kang-hi*. Haut. 20 cm.

530. — Vase, la panse surélevée, à décor fleuri; famille rose.
Époque *Yungching.* Haut. 19 cm.

531. — Deux petites bouteilles en porcelaine, à couverte gros bleu.
Époque *Kienlong.* Haut. 19 cm.

532. — Petit vase-cornet, même couverte,
Même époque. Haut. 13 cm.

533-534. — Deux petites bouteilles en faïence et en porçelaine, émaillées vert.
Époque *Kienlong.* Haut. 15 cm.

QUATRIÈME VACATION

CÉRAMIQUE CHINOISE

535. — Vase de forme ovoïde, en faïence ajourée.
Époque *Ming*. Haut. 16 cm.

536. — Petite bouteille, décorée en noir sur fond turquoise de motifs fleuris.
Époque *Ming*. Haut. 15 cm.

537. — Vase tubulaire, en porcelaine à couverte céladon craquelé.
Époque *Ming*. Haut. 16 cm.

538. — Pot arrondi, avec deux anses tubulures, à couverte flambé noir sur vert.
Époque *Ming*. Haut. 12 cm.

539. — Maisonnette en faïence, trois couleurs.
Époque *Ming*.

540. — Quatre petites maisonnettes en faïence émaillée.
Époque *Ming*.

541. — Tour de temple en faïence émaillée, trois couleurs.
Époque *Ming*. Haut. 26 cm.

542. — Deux petites bouteilles, en porcelaine, bleu foncé ou noir.
Époque *Kienlong*. Haut. 14 cm.

543. — Deux petits vases formant paire, en porcelaine blanche, à décor fleuri, famille rose.
Époque *Yungching*. Haut. 13 cm.

544. — Deux vases-cornets, en porcelaine, à décor de fleurs et de palmettes; famille rose.
Époque *Yungching*. Haut. 18 cm.

545. — Vase-coupe, décor famille rose.
Époque *Yungching*. Haut. 18 cm.

546. — Petit vase, à décor fleuri, famille rose.
Époque *Yungching*. Haut. 18 cm.

547. — Deux bouteilles, formant paire, à couverte céladon, tachée peau de pêche.
Haut. 20 cm.

548. — Deux maisonnettes en porcelaine.
Époque *Kienlong*. Haut. 15 cm.

549. — Deux ibis, formant paire, famille rose.
Époque *Yungching*. Haut. 17 cm.

550. — Deux petites chimères, en blanc de Chine, surdécoré.
Époque *Kienlong*. Haut. 12 cm.

551. — Crapaud en porcelaine.
Époque *Kienlong*.

552. — Vase tubulaire ajouré, en porcelaine, décor fleuri.
Époque *Kienlong*. Haut. 13 cm.

553. — Godet en porcelaine bleutée.
Époque *Yungching*.

554. — Autre petit pot à laver les pinceaux, à couverte poudre de thé.
Époque *Kienlong*.

555. — Bonbonnière pentalobée, en porcelaine bleu et peau de pêche, à décor fleuri.
Époque *Kienlong*.

556. — Bonbonnière lenticulaire, décorée de personnages promenant le dragon.

557. — Autre bonbonnière, à décor de personnages portant des vases fleuris.
XVIIIe siècle.

558. — Bonbonnière, à décor de personnages.
XVIIIe siècle.

559. — Bonbonnière en forme d'un losange, décorée en réserve de personnages hollandais.
Époque *Kienlong*.

560. — Deux bonbonnières tubulaires, décorées sur fond jaune de bouquets fleuris.
Époque *Kienlong*.

561. — Autre bonbonnière similaire, à décor fleuri, bleu et blanc. Époque *Kienlong*.

562. — Bonbonnière de même forme et de même décor.

563. — Coupe creuse, en porcelaine bleu et blanc, à décor fleuri.

564. — Bonbonnière en porcelaine bleu et blanc, à décor de personnages.

565. — Petit pot tubulaire, couvert, en porcelaine bleu et blanc, à décor de personnages.

566. — Bonbonnière lenticulaire, en porcelaine bleu et blanc, à décor fleuri.

567. — Autre bonbonnière, d'un décor similaire.

568. — Bonbonnière, de forme carré, décorée en réserve sur fond vert, d'un fin paysage.

569. — Bonbonnière, décorée d'un dragon en émaux rouges corail.

570. — Petit pot arrondi, décoré d'un paysage.

571. — Autre pot, offrant un décor à personnages.

572. — Petite bouteille à double panse, en porcelaine bleu et blanc, à décor de personnages.

573. — Autre bouteille, en porcelaine bleu et blanc, à décor de dragon.

574. — Vase tubulaire, décoré en réserve sur fond noir, d'un fin paysage.

575. — Petit vase, de forme carrée, décoré en réserves de scènes à personnages.

576. — Petit vase, à couverte corail, offrant en réserves de fins médaillons fleuris.

577. — Vase tubulaire, la panse aplatie, décoré de motifs fleuris.

578. — Coupe en forme d'une pêche sectionnée.

579. — Deux petites coupes en porcelaine bleu et blanc, à décor fleuri.

580. — Deux autres petites coupes similaires.

581. — Deux autres coupes similaires.

582. — Petit pot en porcelaine bleu et blanc, à décor de nuages.

583. — Deux coupes libatoires, à décor fleuri.

584. — Pot arrondi, à décor de dragons.

585. — Deux petits personnages accroupis, formant godets à eau.

586. — Vase-cornet s'évasant, en porcelaine à couverte jaune, décoré en relief de motifs fleuris.
Époque *Kienlong*. Haut. 26 cm.

587. — Vase-cornet, forme bronze, le corps coupé d'arêtee dentelées, couverte gris craquelé.
Haut. 20 cm.

588. — Vase-cornet, à couverte céladon, décor de palmettes et de motifs fleuris.
Époque *Kienlong*. Haut. 20 cm.

589. — Sorte de cloche en porcelaine, à couverte céladon craquelé.

590. — Vase de forme ovoïde, à couverte brune céladon craquelé.
Haut. 19 cm.

591. — Vase de forme ovoïde, la couverte brune, craquelé.
XVIIIe siècle. Haut. 16 cm.

592. — Vase, le corps tubulaire, la couverte jaune.
XVIIIe siècle. Haut. 18 cm.

593. — Vase de forme similaire, la couverte flambée bleu et vert.
XVIIIe siècle. Haut. 17 cm.

594. — Petit vase de couverte similaire.
Haut. 11 cm.

595. — Vase de forme ovoïde, la couverte céladon.
XVIIIe siècle. Haut. 14 cm.

596. — Vase de forme ovoïde, la couverte céladon.

597. — Bouteille en porcelaine, la couverte aubergine.
XVIIIe siècle. Haut. 20 cm.

598. — Petit vase, à couverte crème craquelé.
XVIIIe siècle. Haut. 17 cm.

599. — Petit vase, de couverte similaire. Haut. 12 cm.

600. — Pot à laver les pinceaux, gravé sous couverte céladon de nuages.
XVIIIe siècle.

601. — Petite bouteille, la couverte céladon.
XVIIIe siècle. Haut. 11 cm.

602. — Petit vase ovoïde, la couverte verte.
XVIIIe siècle. Haut. 13 cm.

603. — Bouteille en porcelaine, la couverte jaune.
XVIIIe siècle. Haut. 15 cm.

604. — Bouteille en porcelaine, la couverte aubergine.
XVIIIe siècle. Haut. 11 cm.

605. — Bouteille en porcelaine, le col tubulaire, couverte poudre de thé.
XVIIIe siècle. Haut. 15 cm.

606. — Deux vases conjugués en porcelaine émaillée, trois couleurs.
Époque *Kang-hi.* Haut. 13 cm.

607. — Deux petites tasses, même couverte.
Même époque.

608. — Deux petites bouteilles, de forme ovoïde, à couverte jaune.
XVIIIe siècle. Haut. 6 cm.

609. — Autre bouteille de forme similaire, la couverte verte.
Haut. 6 cm.

610. — Petit pot de forme arrondie, en blanc de Chine.
Époque *Kienlong.*

611. — Deux petites bouteilles formant paire, la couverte céladon.

612. — Brûle-parfums, tripode, même couverte.

613. — Bouteille tubulaire, à couverte verte.

614. — Autre bouteille similaire.

615. — Petite bouteille à long col, même couverte.

616. — Petite gourde à double panse, même couverte.

617. — Pot de forme arrondie, à couverte brun rouge, à oxydations d'argent.

618. — Petit pot, de forme arrondie, à couverte poudre de thé.
XVIIIe siècle.

619-620. — Deux pots à laver les pinceaux, à couverte verte.
XVIIIe siècle.

621. — Coupe creuse, à couverte céladonnée.
XVIIIe siècle.

622. — Autre coupe gravée, sous couverte céladon, de motifs fleuris. XVIIIe siècle.

623. — Petit pot arrondi, couverte peau de serpent.

624. — Petite bouteille, couverte en poterie émaillée vert.
Époque *Ming*.

625. — Petit pot à laver les pinceaux ; la couverte céladonnée.
Époque *Ming*.

626. — Petite coupe en poterie émaillée, trois couleurs, décor rayonnant.

627. — Cendrier en faïence émaillée crème.

628. — Bouteille minuscule en poterie émaillée, trois couleurs.

629. — Petite tasse en faïence émaillée, trois couleurs.

630. — Petit pot, décor similaire.

631. — Trois petits bouddhas en marbre.

632. — Porte-pinceaux, représentant trois personnages accolés ; faïence trois couleurs.

633. — Deux petites coupes en porcelaine dorée.

634. — Deux cendriers en porcelaine dorée, le revers rouge corail et or.
Époque *Kienlong*.

635. — Coupe en forme d'une fleur de lotus, faïence émaillée, trois couleurs.
Époque *Kang-hi*.

636. — Petite coupe en faïence émaillée vert, imitant une feuille de lotus.
Époque *Kang-hi*.

637. — Pot à laver les pinceaux en porcelaine céladon.
Époque *Ming*.

638. — Coupe creuse en porcelaine céladon, décor peau de pêche.
Époque *Kang-hi*.

639. — Coupe évasée, en porcelaine céladon.
Époque *Ming*.

640. — Brûle-parfums en ancien blanc de Chine.
Époque *Ming*.

641. — Coupe creuse en porcelaine bleue, décorée en réserve blanche de motifs fleuris.
Époque *Ming*.

642. — Brûle-parfums en faïence émaillée vert.
Époque *Kienlong*. Diam. 16 cm.

643. — Vase, de forme aplatie, à couverte céladon craquelé.
Époque *Yungching*. Haut. 20 cm.

644. — Maisonnette en porcelaine émaillée, trois couleurs.
Époque *Kang-hi*.

645. — Verseuse en porcelaine bleue, à décor de médaillons d'oiseaux, en or.
Époque *Kienlong*.

646. — Petit vase rouleau, en porcelaine bleu fouetté.
Époque *Kang-hi*. Haut. 25 cm.

647. — Vase tubulaire en porcelaine bleu fouetté.
Époque *Kang-hi*. Haut. 27 cm.

648. — Paire de pots arrondis, à décor d'enfants jouant, famille rose.
Époque *Yungching*. Haut. 19 cm.

649. — Autre paire de pots arrondis, à décor fleuri; famille rose.
Époque *Yungching*. Haut. 20 cm.

650. — Vase-cornet, la panse quadrilatérale, à décor d'animaux et d'arbres.
Époque *Yungching*. Haut. 29 cm.

651. — Vase, en forme d'une gourde à double panse, à décor de rinceaux fleuris, en émaux peau de pêche.
Époque *Kienlong*. Haut. 31 cm.

652. — Bouteille, le col tubulaire, en porcelaine, à couverte bleu de Perse.
Époque *Kienlong*. Haut. 29 cm.

653. — Pot arrondi, à couverte flambée rouge.
Époque *Kienlong*. Haut. 28 cm.

654. — Petite bouteille, à couverte rouge flambé.
Époque *Kienlong*. Haut. 18 cm.

655. — Bouteille, le col tubulaire, la couverte flambée rouge violacé.
Époque *Yungching*. Haut. 35 cm.

656. — Pot arrondi en porcelaine céladon clair.
Époque *Kienlong*. Haut. 19 cm.

657. — Petit pot, de forme et de couverte similaires.
Époque *Kienlong*. Haut. 13 cm.

658. — Vase en porcelaine céladon craquelé.
Époque *Yungching*. Diam. 15 cm.

659. — Grande bouteille en porcelaine céladon, décorée en réserves blanches de motifs fleuris.
Époque *Kienlong*. Haut. 55 cm.

660. — Grand vase tubulaire, en porcelaine bleu et blanc, à décor de vases fleuris.
Époque *Yungching*. Haut. 45 cm.

661. — Grand plat, le marli dentelé, en porcelaine bleu et blanc, à décor de phénix et de rinceaux fleuris.
Époque *Kang-hi*. Diam. 38 cm.

662. — Grand plat en porcelaine bleu et blanc.
Époque *Yungching*. Diam. 44 cm.

663. — Plat en porcelaine bleu et blanc, à décor fleuri.
Époque *Kienlong*. Diam. 22 cm.

664. — Grand plat, à décor de dragons poursuivant le joyau sacré.
Époque *Kang-hi*. Diam. 36 cm.

665. — Grand plat, à décor de fleurs de lotus et de papillons; famille verte.
Époque *Kang-hi*. Diam. 35 cm.

666. — Plat en porcelaine blanche, décoré en émaux de la famille verte, de vases fleuris et d'attributs.
Époque *Kang-hi*. Diam. 28 cm.

667. — Deux soucoupes en porcelaine bleue, à décor de pêches de longévité et de signes du bonheur.
Époque *Yungching*.

668. — Trois soucoupes, à couverte rouge haricot.
Époque *Kang-hi*.

669. — Trois soucoupes en porcelaine blanche, gravées de motifs fleuris.
Époque *Yungching*.

670. — Deux soucoupes, a décor fleuri.
Époque *Yungching*.

671. — Deux autres soucoupes, même décor.
Même époque.

672-673. — Quatre soucoupes, à décor fleuri.
Époque *Kang-hi.*

674. — Deux soucoupes, à décor de dragons.
Époque *Kang-hi.*

675. — Soucoupe, à décor de papillons.
Époque *Kang-hi.*

676. — Soucoupe, décorée en émaux bleus et peau de pêche, de motifs fleuris.
Époque *Yungching.*

677. — Deux soucoupes, à décor fleuris; famille rose.
Époque *Yungching.*

678. — Deux soucoupes, à décor d'oiseaux et de fleurs; famille verte.
Époque *Kang-hi.*

679. — Deux soucoupes, à décor fleuri stylisé.
Époque *Yungching.*

680. — Deux autres coupes, même décor.
Même époque.

681. — Deux soucoupes, même décor.
Même époque.

682. — Deux coupes, décorées en émaux de la famille verte sur fond céladon craquelé, de motifs fleuris.
Époque *Kang-hi.*

683. — Deux assiettes, décor fleurs et oiseaux; famille rose.
Époque *Yungching.*

684. — Deux assiettes, même décor.
Même époque.

685. — Deux assiettes, même décor.
Même époque.

686. — Deux assiettes offrant un décor fleuri; famille rose.
Époque *Yungching.*

687. — Deux soucoupes, à décor fleuri stylisé.
Époque *Kang-hi.*

688. — Deux plats rectangulaires, à décor fleuri de la famille rose.
Époque *Yungching.*

689. — Deux assiettes creuses, à décor fleuri; famille rose.

690. — Deux assiettes, à décor de lotus et d'oiseaux.
Époque *Yungching*.

691. — Deux assiettes, à décor fleuri; famille rose.
Époque *Yungching*.

692. — Trois soucoupes, à décor fleuri sur fond céladon.
Époque *Kienlong*.

693. — Une coupe en porcelaine bleu et blanc, à décor de paysage.

694. — Plaque de revêtement rectangulaire, à décor de personnages; famille verte.
Époque *Kang-hi*.

695. — Autre plaque, offrant un décor similaire.
Époque *Kang-hi*.

696-697. — Deux autres plaques rectangulaires, à décor de fleurs, de papillons et d'oiseaux.
Époque *Kang-hi*.

698. — Petite bouteille, à décor fleuri; famille rose.
Époque *Yungching*.

699. — Vase-cornet, à décor de palmes; famille rose.
Époque *Yungching*.

700. — Grande verseuse, le corps tubulaire, à décor de motifs fleuris.
Époque *Kienlong*.

701-702. — Deux groupes en porcelaine céladon, représentant des autels.
Époque *Kienlong*.

703. — Deux chimères en porcelaine flambée.
Époque *Kienlong*.

704. — Bouteille en porcelaine bleutée, décorée en réserve blanche de motifs fleuris.
Époque *Yungching*.

705. — Bouteille en porcelaine flambée rouge.
Époque *Kienlong*.

706. — Bouteille en porcelaine blanche, décorée en émaux bleus et peau de pêche, de phénix et de nuages.
Époque *Kang-hi*.

707. — Vasque arrondie en porcelaine bleu et blanc, à décor fleuri.
Époque *Kang-hi.*

708. — Petit vase, à décor de personnages en émaux, trois couleurs.
Époque *Ming.*

709. — Pot arrondi, à décor de phénix et de chrysanthèmes.
Époque *Ming.*

710. — Deux vases cornets, à décor fleuri; famille rose.
Époque *Yungching.*

711. — Petit vase, à décor fleuri sur fond couleur; famille rose.

712. — Numéros omis au présent catalogue.

Imprimerie BERGER-LEVRAULT, Paris-Nancy

www.ingramcontent.com/pod-product-compliance
Ingram Content Group UK Ltd.
Pitfield, Milton Keynes, MK11 3LW, UK
UKHW031953260826
14628UKWH00005B/2027

9 782329 533261